Marlis Erni-Fähndrich

Adjektive

Arbeitsblätter zum selbstständigen Erarbeiten
der Wortarten und ihrer Eigenschaften

ab Klasse 2

Gedruckt auf umweltbewusst gefertigtem, chlorfrei gebleichtem
und alterungsbeständigem Papier.

1. Auflage 2010
Nach den seit 2006 amtlich gültigen Regelungen der deutschen Rechtschreibung
© by Brigg Pädagogik Verlag GmbH, Augsburg
Alle Rechte vorbehalten.

Originalausgabe © elk *verlag* AG, CH-Winterthur, www.elkverlag.ch
Marlis Erni-Fähndrich
Adjektive

Das Werk und seine Teile sind urheberrechtlich geschützt. Jede Nutzung in anderen als den gesetzlich zugelassenen Fällen bedarf der vorherigen schriftlichen Einwilligung des Verlages. Hinweis zu § 52a UrhG: Weder das Werk noch seine Teile dürfen ohne eine solche Einwilligung eingescannt und in ein Netzwerk eingestellt werden. Dies gilt auch für Intranets von Schulen und sonstigen Bildungseinrichtungen.

Illustrationen: Ursula Bircher-Däppen

ISBN 978-3-87101-**601**-1   www.brigg-paedagogik.de

Vorwort

Liebe Lehrerin, lieber Lehrer,

im vorliegenden Band *Adjektive* haben wir, wie auch in den Bänden *Nomen* und *Verben*, den Schwerpunkt auf strukturierte Arbeitshilfen zum selbstständigen Üben gelegt.

Viele Übungen können und sollen in Partnerarbeit gelöst werden. Es ist klar, dass jedes Kind die Lösungen auf sein Arbeitsblatt schreibt. Aber die vorausgehenden Diskussionen unter den Kindern wirken sehr anregend. Am Schluss der Themenmappe finden Sie Lösungsvorschläge (es sind zum Teil auch individuelle Lösungen möglich).

Wir haben uns auf minimale Arbeitsanweisungen beschränkt:

 Das Symbol des Auges fordert das Kind auf, das Beispiel (genau) anzuschauen.

 Das Symbol der schreibenden Hand fordert es auf, die Übungen selbst zu lösen und die Antworten aufzuschreiben.

Das Adjektiv kann in den Arbeitsblättern natürlich nicht abschließend behandelt werden. Es werden wesentliche Aspekte vermittelt, und der Kommentar zeigt Möglichkeiten zur Weiterarbeit auf.

Marlis Erni-Fähndrich

Inhaltsverzeichnis

Vorwort	3
Inhalt der Arbeitsblätter	5
Vorkenntnisse und Lernziele	7
Einsatzmöglichkeiten	7
Weiterarbeit	8
Stoffzusammenfassung	8
Kommentar zu den Arbeitsblättern und Übungen	9
Kopiervorlagen der Arbeitsblätter	15
Lösungen	46

Inhalt der Arbeitsblätter

Übung (Ü) und Titel *Lerninhalt* *Seite*

Für Adjektive sensibilisieren
1 Wie Dinge sind	Adjektive erkennen und anmalen	15
2 Adjektive schreibt man klein	Anfangsbuchstaben einsetzen	15
3 Das ist einfach!	Adjektive erkennen, kurze Phrasen, verschiedene Flexionen	16
4 Jetzt wird es schwieriger	Sätze mit mehr als einem Adjektiv	16
5* Adjektiv oder nicht?	Formal ähnlich, mit / ohne Adjektiv	17

Übungen zum Wortschatz
6 Zum Glück ist die Welt nicht nur schwarz und weiß	Farbadjektive in prädikativer und attributiver Position einsetzen	18
7 Versteckte Farben	Suchrätsel mit Farbadjektiven	18
8 Viele Formen	Formen von Gegenständen	19
9* Wann sind Ferien schön?	„schön" durch andere Adjektive ersetzen	19
10 So können Menschen sein	Positive und negative Eigenschaften ordnen	20
11 Meine Haare	Die eigenen Haare (zeichnen und) beschreiben	20
12 Was würdest du essen und trinken? Was nicht?	Adjektive für verschiedene Nahrungsmittel und Getränke	21
13 Wie sieht der Dieb aus?	Ohne Adjektive kann man eine Person nicht beschreiben	22
14* Welches Adjektiv ist überflüssig?	Überflüssige Adjektive erkennen	22

Im Gegenteil
15 Was nicht trocken ist, ist nass	Das Gegenteil zu Adjektiven finden	23
16 Zeichne das Gegenteil	Das Gegenteil zeichnen und beschriften	23

Was passt nicht? Was gibt es nicht?
17 Was passt nicht?	Adjektive, die nicht zum Nomen passen, durchstreichen	24
18* Das gibt es nicht!	Dinge erfinden, die es nicht gibt	24

Mehrzahl
19 Es gibt viele davon	Mehrzahlformen mit -e	25
20* Mehrere Eigenschaften	Zwei Adjektive in attributiver Position in die Mehrzahl setzen	25

ein, eine
21 Was ist es?	Flexionsformen je nach Genus	26
22* Wohin gehört es?	ein, eine, ein / der, die, das: korrekte Formen in die richtige Spalte schreiben	27

Adjektive sagen, wie man etwas tut
23 Ganz kurz!	Kurze Befehlssätze	28
24 Wie geschieht das?	Die Art, wie etwas getan wird oder geschieht, durch Adjektive ausdrücken	28

Gemischte Übungen

25	Wo sind die Adjektive?	Adjektive in verschiedenen Positionen erkennen	29
26	Wie heißt es richtig?	Adjektive einsetzen	30

Vergleichsformen (Steigerungsformen)

27	Vergleichen	Die drei Steigerungsformen aufschreiben	31
28	Buchstaben ändern	Änderung des Stammvokals	32
29	Es wird immer besser	Unterschiedliche Steigerungsformen	33
30*	Mehr oder weniger	Einfache Rechnungen: Mengenvergleich	34

Wortbildung

31	Wir zaubern Adjektive	Aus Nomen werden Adjektive	35
32*	Nützt zaubern oder nicht?	Nicht aus allen Nomen werden Adjektive	35
33	leicht wie eine Feder = federleicht	Adjektivbildung aufgrund inhaltlicher Vergleiche	36
34	Ein verregneter Tag	Aus Verben Adjektive bilden	37
35	-los oder -frei? Was passt?	„kein + Nomen" durch Adjektive ersetzen	37
36*	Wortfamilien	Nomen, Verb, Adjektiv	38
37*	Versteckte Adjektive	Adjektive in anderen Wörtern (ohne Bedeutungszusammenhang) finden	39
38*	Beschreibe deine Zeichnung	Gegenstand zeichnen und genau beschreiben	39
39*	Das ist ja gelacht!	Adjektive in Witzen finden	40
40	Adjektiv-Rätsel	Dinge aufgrund von Adjektiven erraten	41
41	Adjektiv-ABC	Adjektive zu jedem Buchstaben suchen	42

Zusammenfassende Übungen

42	Das weiß ich über Adjektive	Wiederholung zum Thema Adjektive	43

Alle mit * gekennzeichneten Übungen sind Zusatzaufgaben mit teils erhöhtem Schwierigkeitsgrad.

Vorkenntnisse und Lernziele

Es werden nur die grammatischen Begriffe „Adjektiv", „Nomen" und „Verb" verwendet.
Der Begriff „Adjektiv" wird bereits in Ü 1 eingeführt („Adjektive sagen, wie die Dinge sind").

Voraussetzung ist, dass die Kinder – nach einführenden Erklärungen durch Sie – selbstständig arbeiten und die (knappen) Arbeitsanweisungen befolgen können.

Die Lernziele ergeben sich aus den Lerninhalten:

- Das Kind erkennt in einem Text die Adjektive, auch in flektierter und gesteigerter Form, und bezeichnet sie als solche (den Begriff der Wortart zuordnen).
- Es erkennt, dass Adjektive sprachliche Mittel sind, um Dinge oder Menschen genau zu beschreiben oder um einen Text abwechslungsreich zu gestalten.
- Es ist in der Lage, flektierte Formen (Genus, Ein-/Mehrzahl, Kasus) zu erkennen und korrekt anzuwenden.
- Es weiß, dass Adjektive nicht nur sagen, *wie* Dinge *sind,* sondern auch, *wie* man etwas *tut* (eine explizite Abgrenzung zum Adverb wird nicht vermittelt).
- Es bildet von den meisten Adjektiven korrekte Steigerungsformen. Bei neuen Adjektiven können sich Probleme ergeben, wenn sich Umgangssprache und Schriftsprache unterscheiden (Umlaute).
- Es ist in der Lage, Adjektive aus Nomen und Verben abzuleiten und aus Vergleichen neue Adjektive zu bilden (kalt wie Eis → eiskalt).
- Es kann Gegenstände möglichst genau beschreiben (Beobachtung schulen).

Einsatzmöglichkeiten

Einzelne Arbeitsblätter können bereits ab ca. Mitte der 2. Klasse eingesetzt werden. Der Hauptteil wird in der 3. Klasse Verwendung finden, da ein gewisses Maß an selbstständigem Arbeiten vorausgesetzt wird. Einzelne Arbeitsblätter oder Teile davon können auch gezielt an einzelne Schüler/-innen abgegeben werden – zur Nachhilfe, zur Festigung oder zur Förderung.

Kinder, die erstmals mit den Arbeitsblättern arbeiten, brauchen einführende Erklärungen und arbeitstechnische Hinweise. Damit die Kinder nicht zu viel lesen müssen, wurden die Arbeitshinweise auf ein Minimum beschränkt. Wichtig ist es, die Kinder darauf hinzuweisen, dass sie das Beispiel (Symbol Auge) lesen und anschauen sollen: Es *zeigt*, was zu tun ist. Die weiteren Übungen sind analog zu bearbeiten.

Die Kinder dürfen selbstverständlich die Zeichnungen ausmalen und so ihre Arbeitsblätter individuell gestalten.

Die Arbeitsblätter sind formal unabhängig voneinander, auch wenn sie inhaltlich aufeinander aufbauen. Die Kommentare zu den einzelnen Übungen ermöglichen es Ihnen, einzelne Arbeitsblätter flexibel und gezielt einzusetzen.

Weiterarbeit

Im schulischen Alltag ist es einfach, das Thema „Adjektiv" immer wieder aufzunehmen, da es eine sehr vielseitige Wortart ist. Sehr oft lässt sich etwas treffender benennen, wenn das passende(re) Adjektiv gesucht wird. So kann einerseits die Beobachtungsfähigkeit, andererseits der sprachliche Ausdruck gefördert werden. Gerade Adjektive lassen vielfältige Nuancierungen zu – denken Sie etwa an Farben und ihre Bezeichnungen.

Selbstverständlich kommen viele Aspekte des Adjektivs nicht zur Sprache. Die Arbeitsblätter beschränken sich im Grunde genommen darauf, die formale (Veränderbarkeit) und inhaltliche (Ableitungen, Zusammensetzung, Verwendungsmöglichkeiten) Vielfalt dieser Wortart aufzuzeigen. Gerade mit Vor- und Nachsilben können unzählige Adjektive gebildet werden, sowohl aus Nomen wie aus Verben und Adverben – und sogar aus Adjektiven (z. B. lang – länglich).

Zahladjektive werden nicht besprochen. In der Weiterarbeit kann bei Gelegenheit darauf hingewiesen werden, dass Zahlenangaben wie „*fünf* Häuser", „der *erste* Rang" usw. (Kardinal- bzw. Grundzahlen und Ordinal- bzw. Ordnungszahlen) *Adjektive* sind (Attributsprobe). Zu den Zahladjektiven gehören auch Wörter wie „zahlreich, zahllos, einzelne, verschiedene, unzählige" usw.

Stoffzusammenfassung

Adjektive sind im Text nicht immer leicht zu erkennen. Schwierigkeiten ergeben sich bezüglich der Abgrenzung zum Adverb. Wörter, die sich attributiv verwenden lassen, können auf dieser Schulstufe als Adjektive bezeichnet werden. Sicherstes Erkennungsmerkmal für diese Stufe ist die *Attributsprobe:* Ein Wort oder eine Wortform, die man zwischen Artikel und Nomen stellen kann, ist ein Adjektiv. Beispiele: Sie spricht laut → ihr *lautes* Sprechen. ABER: Sie spricht gern → – („gern" ist ein Adverb, obwohl man es steigern kann: gern, lieber, am liebsten. Es lässt sich in keiner dieser drei Formen attributiv verwenden).

Aufgrund dieser Überlegungen ergibt sich die folgende Stoffzusammenfassung:
- Adjektive sagen, *wie* Dinge sind.
- Adjektive sagen, *wie* man etwas tut oder *wie* etwas geschieht.
- Adjektive schreibt man klein.
- Adjektive kann man steigern (dieser Begriff wird in den Arbeitsblättern allerdings nicht verwendet).
- Adjektive kann man verändern (Kasus, Genus, Ein-/Mehrzahl).
- Adjektive kann man ableiten oder aus anderen Wortarten bilden.
- Adjektive kann man zusammensetzen.

Grundsätzlich ist es nicht Zweck der Arbeitsblätter, diese grammatischen Zusammenhänge zu *erklären*. Viel wichtiger ist das Erkennen, dass man durch Adjektive alles genauer beschreiben kann.

Viele Adjektive kann man nur schwer bildlich darstellen; zeichnen kann man allenfalls den Gegenstand oder die Tätigkeit, der/die diese Eigenschaften hat.

Kommentar zu den Arbeitsblättern und Übungen

Für Adjektive sensibilisieren

Adjektive sind nicht so einfach zu erkennen wie Nomen oder Verben. Fünf Übungen zeigen auf unterschiedliche Art, wie Adjektive vorkommen können (typische kurze Phrasen, aber auch kurze und längere Sätze).

1 Wie Dinge sind

Es werden ausschließlich Formulierungen der Art „*Nomen* ist / sind *Adjektiv*" verwendet. Es handelt sich pro Zeile um ein Gegensatzpaar. Alle Aussagen sind allgemeingültig; auf den Artikel konnte verzichtet werden.

2 Adjektive schreibt man klein

Das Kind sollte eigentlich alle Adjektive kennen. Es schreibt den ersten Buchstaben klein.

3 Das ist einfach!

Die Übung zeigt die Veränderbarkeit des Adjektivs, ohne dass darauf hingewiesen wird. Der Schwerpunkt liegt im Erkennen des Adjektivs in unterschiedlichen Formen (Mehrzahl, Geschlecht).

4 Jetzt wird es schwieriger

Adjektive kommen an verschiedenen Positionen im Satz vor. Diese Übung enthält alle Vorkommensarten aus den Übungen 1 bis 3; zudem kommen pro Satz mehrere Adjektive an unterschiedlichen Positionen vor. Das Kind sollte alle vorkommenden Adjektive kennen. Auf die Kommasetzung wird nicht eingegangen.

5 Adjektiv oder nicht?

Das Kind soll trotz formaler oder inhaltlicher Ähnlichkeit die Adjektive erkennen. Es geht darum, dass die Form „X ist *Adjektiv*" nicht als starres und einziges Erkennungskriterium verwendet wird.
Das Wort „etwas" im Satz „Zum Geburtstag darf ich mir etwas wünschen" ist natürlich kein Adjektiv. Wird es angemalt, kann das Kind auf die Attributsprobe (*Artikel Adjektiv Nomen*, also vorangestelltes Adjektiv bzw. attributive Verwendung) hingewiesen werden. Die vorangehenden Beispiele sollten jedoch zeigen, dass immer ein Satz durchzustreichen ist. Der alternative Satz enthält jeweils ein sehr bekanntes Adjektiv.

Übungen zum Wortschatz

In diesen Übungen geht es darum, *Gruppen* von Adjektiven, d. h. Adjektive zu bestimmten Themen, zu erkennen (inhaltliche Schwerpunkte).

6 Zum Glück ist die Welt nicht nur schwarz und weiß

Das Kind erkennt, dass Farbwörter *Adjektive* sind und wendet einige in je verschiedener Position an (prädikativ: x ist *Adjektiv*; attributiv: Artikel *Adjektiv* Nomen).

7 Versteckte Farben

„Detektivische" Aufgaben werden normalerweise gerne gelöst. – Die Kinder können solche Rätsel zu bestimmten Themen auch selbst erstellen.

8 Viele Formen
Es geht um Formen von Gegenständen. Das Adjektiv „oval" ist dem Kind möglicherweise nicht bekannt; das Bild des Eies ist jedoch das einzige, das in diesem Fall infrage kommt.

9 Wann sind Ferien schön?
Das Adjektiv „schön" kann oft ersetzt werden. Die Aufgabe appelliert sowohl an Erinnerungen als auch an das Vorstellungsvermögen der Kinder. – Die Lösungen der Kinder können gut im Klassenverband diskutiert werden, da verschiedene Varianten möglich sind.

10 So können Menschen sein
Mit Adjektiven können Menschen beschrieben werden. Hier geht es um Charakter- und Verhaltenseigenschaften. Man kann auch das Aussehen beschreiben (vgl. dazu Ü 11). Als Weiterarbeit könnten Eigenschaften auf Zettel geschrieben und das Gegenteil dazu gesucht werden.

11 Meine Haare
Das Kind soll seine Haare zeichnen und sie beschreiben. Zur Auswahl stehen verschiedene Adjektivgruppen. Die meisten Adjektive innerhalb einer Gruppe schließen einander aus (Haare können nicht gewaschen *und* ungewaschen sein, hingegen können sie ungekämmt und gleichzeitig zerzaust sein). Es geht weniger um eine *genaue* Beschreibung als vielmehr darum, die unterschiedlichen Adjektive auf denselben „Gegenstand" anzuwenden.

12 Was würdest du essen und trinken? Was nicht?
Für Nahrungsmittel und Getränke gibt es viele Adjektive. Es wird absichtlich gefragt, was *das Kind* essen und trinken würde – und nicht allgemeiner, was genießbar ist und was nicht. Die Lösung ist also teilweise Geschmackssache; anderes ist ungenießbar bzw. schädlich (rohe Kartoffeln usw.).

13 Wie sieht der Dieb aus?
Mit Adjektiven kann man nicht nur Charaktereigenschaften und Verhaltensweisen beschreiben (vgl. Ü 10), sondern auch das Aussehen. Das Kind soll den „Dieb" farbig ausmalen und ihn dann beschreiben. Das „Raster" der Beschreibung wird vorgegeben, sodass nur noch die Adjektive einzusetzen sind. Das Kind lernt, dass eine Person mit Adjektiven gut beschrieben werden kann.

14 Welches Adjektiv ist überflüssig?
„Ein runder Kreis", „ein junges Küken" – das sind Pleonasmen. Die Kinder finden heraus, welches Adjektiv eigentlich überflüssig ist.

Im Gegenteil

15 Was nicht trocken ist, ist nass
Es geht darum, auf der reinen Wortebene das Gegenteil zu finden, wobei vor allem Adjektive verwendet werden, die dem Kind vertraut sind.

16 Zeichne das Gegenteil
Das Kind *zeichnet* zuerst das Gegenteil der vorgegebenen Gegenstände und beschriftet seine Zeichnung dann. Es muss also die Vorgabe anschauen, sich das Gegenteil vorstellen, es zeichnen und den Gegenstand benennen. Vom Handlungsablauf her ist die Aufgabe daher komplexer als Ü 15, vom Inhalt her analog.

Was passt nicht? Was gibt es nicht?
Aufgaben, die der Fantasie freien Lauf lassen, werden normalerweise gerne gelöst.

17 Was passt nicht?
Das Kind soll entscheiden, welches Adjektiv *nicht* zum vorgegebenen Nomen passt. Es kommen auch schwierigere Adjektive vor. Zudem passt oft mehr als ein Adjektiv, worauf das Kind zu Beginn hingewiesen wird.

18 Das gibt es nicht!
Das Kind soll Dinge erfinden, die es nicht gibt. Hier wird die Fantasie angesprochen. Als Lösung ist *alles* erlaubt, was es nicht gibt, sofern ein oder mehrere Adjektive verwendet werden.

Mehrzahl
Die Mehrzahlbildung des Adjektivs ist einfach und dem Kind vertraut. Die beiden Aufgaben verwenden als Mehrzahlindikator „viele". – Auf die Mehrzahl mit „die" wird nicht eingegangen (Bildung: die *Adjektiv+en Nomen*).

19 Es gibt viele davon
Es ist jeweils ein Adjektiv in die Mehrzahl zu setzen; die Sprechblase erwähnt die „Regel" dazu.

20 Mehrere Eigenschaften
Hier sind jeweils zwei Adjektive in die Mehrzahl zu setzen. Bei den vorgegebenen Grundformen ist zwar das Komma gesetzt, doch sollte ein fehlendes Komma bei den Lösungen nicht bewertet werden. Hingegen darf durchaus darauf geachtet werden, dass die Adjektive fehlerfrei abgeschrieben werden, da die Aufgabe recht einfach ist.

ein, eine
Die Adjektivendung ist vom grammatischen Genus (Geschlecht) abhängig. Dies kommt allerdings nur beim unbestimmten Artikel zum Ausdruck; beim bestimmten (der, die, das) ist die Flexionsendung in attributiver Stellung immer –e (der freundliche Mann, die freundliche Frau, das freundliche Kind); in prädikativer Position ist das Adjektiv unverändert.

21 Was ist es?
Aus den Vorgaben „Nomen, Adjektiv" bildet das Kind die korrekte Form mit ein/eine. Die Aufgabe setzt implizit voraus, dass das Kind schon von seinem normalen Sprachgebrauch her weiß, dass die Adjektivendungen angepasst werden müssen. Als zusätzliche Aufgabe könnte anschließend verlangt werden, den richtigen *bestimmten* Artikel aufzuschreiben. Im Arbeitsblatt geht es allerdings in erster Linie um die korrekte Form und nicht um zugrunde liegende grammatische Zusammenhänge.

22 Wohin gehört es?
Die Übungen sind parallel zu Ü 21. Zusätzlich muss die korrekte Form in die richtige Spalte geschrieben werden. Die Bildungsregeln sind am Beispiel „schön" aufgezeigt. So sieht das Kind auch, dass dasselbe Adjektiv unterschiedliche Endungen erhält, je nachdem, ob das zugehörige Nomen maskulin, feminin oder neutrum ist.

Adjektive sagen, wie man etwas tut

In den bisherigen Übungen ging es um die attributive und prädikative Zu- bzw. Beschreibung von Eigenschaften.

Die Übungen in dieser Gruppe zeigen die Verwendung des Adjektivs als *Satzglied*. Es geht nicht darum, Funktionen im Satz aufzuzeigen (Unterscheidung Attribut / Adverbial), sondern darum, das Kind auf andere Verwendungsmöglichkeiten des Adjektivs hinzuweisen. Entscheidungskriterium, ob ein Wort ein Adjektiv ist oder nicht, ist immer die Attributsprobe: *Wörter, die man als gebeugte (flektierte) Attribute zu einem Nomen stellen kann, sind Adjektive.*

23 Ganz kurz!
In kurzen Befehlssätzen sollen passende Adjektive eingesetzt werden. Es sind mehrere Lösungen möglich (Iss langsam / ruhig / schön!). Das gewählte Adjektiv muss *sinngemäß* passen.

24 Wie geschieht das?
Das Kind wird darauf hingewiesen, dass Adjektive nicht nur sagen, *wie Dinge sind,* sondern auch, *wie etwas geschieht.* Der Hinweis, dass es sich bei den Wörtern um Adjektive handelt, wird dadurch aufgezeigt, dass dasselbe Adjektiv in attributiver Position verwendet wird.

Gemischte Übungen
Die folgenden beiden Übungen dienen der Zusammenfassung des bisherigen Lernstoffs.

25 Wo sind die Adjektive?
Das Kind soll in einem Text alle Adjektive finden und anmalen. Die Adjektive kommen in allen möglichen Positionen vor, wobei es sich durchweg um bekannte Adjektive handelt.

Der Text ist auch ohne Adjektive abgedruckt. Die Kinder versuchen, passende Adjektive einzusetzen. Das soll vor allem im mündlichen Unterricht geschehen.

26 Wie heißt es richtig?
In dieser Übung setzt das Kind ein vorgegebenes Adjektiv in der korrekten Form ein, wobei die verschiedensten Positionen und Flexionsformen vorkommen.

Vergleichsformen (Steigerungsformen)
Es gehört zu den Eigenheiten des Adjektivs, dass es sich „steigern" lässt. Das Kind kennt diese Formen aus der Alltagssprache, auch wenn „Superlative" oft anders gebildet werden („mega" ist nur ein Beispiel dafür). Graduelle Variationen mit „sehr" sind zwar sehr (!) häufig, aber doch eher fantasielos.

27 Vergleichen
Hier geht es um die *Formen* der Adjektive, die vergleichend verwendet werden. Es sind sehr einfache und dem Kind vertraute Adjektive.

28 Buchstaben ändern
Das Kind muss die Vergleichsform in die entsprechende Spalte schreiben und merkt, dass es drei Gruppen gibt. Alle Adjektive und deren Vergleichsformen sind dem Kind aus der Alltagssprache bekannt. Im zweiten Teil erfolgt die Anwendung in Sätzen.

29 Es wird immer besser
Auch diese Übung enthält durchwegs bekannte Adjektive. Es sind Adjektive, bei denen sich nicht nur der Stammvokal ändert, sondern die unterschiedliche Vergleichsformen haben (gut – besser usw.).

30 Mehr oder weniger
Diese Übung zeigt dem Kind einige Anwendungen der Vergleichsformen „mehr" und „weniger".

Wortbildung
Adjektive können auf viele Arten neu gebildet werden, z. B. durch *Ableitungen* von Verben, Nomen oder anderen Adjektiven und durch *Zusammensetzungen* aus anderen Wortarten. Ein Teil davon wird in dieser Gruppe geübt.

31 Wir zaubern Adjektive
Aus dem Kind bekannten und einfachen Nomen werden Adjektive „gezaubert". Aus allen aufgeführten Nomen lassen sich Adjektive bilden. Das Kind wird daran erinnert, dass man Adjektive klein schreibt. Entsprechende Fehler sollten korrigiert werden.

32 Nützt zaubern oder nicht?
Hier wird dem Kind gezeigt, dass man nicht aus allen Nomen Adjektive bilden kann. Aus „Ring" lässt sich „ringförmig" bilden, aber es ist kaum anzunehmen, dass das Kind dieses Adjektiv kennt. Die Aufgabe ist auch korrekt gelöst, wenn es einen Strich macht. „Fläche" lässt „flach" und „flächig" zu, wobei dem Kind „flächig" nicht bekannt sein dürfte.

33 leicht wie eine Feder = federleicht
Viele zusammengesetzte Adjektive verdanken ihre Entstehung einem Vergleich, auch wenn es sich nicht um *grammatische* Vergleichsformen handelt. Es sind graduelle bzw. präzisierende und konkretisierende Vergleiche. Solche Übungen regen auch die Fantasie an (wie leicht? „sehr leicht" sagt weniger aus als „federleicht"; „sehr" ist vage; eine Feder ist vorstellbar).
Möglicherweise erkennt das Kind, dass bei dieser Art der Adjektivbildung zuerst das Nomen und dann das Adjektiv geschrieben wird. Falsche Großschreibungen sollten korrigiert werden.
Dies ist eine sehr kreative Art der Zusammensetzung. In der mündlichen Weiterarbeit könnten so zahlreiche weitere Adjektive gebildet werden.
Einzelne Adjektive verlangen einen Fugenbuchstaben (z. B. riesengroß), doch dessen Fehlen sollte zwar korrigiert, aber nicht bewertet werden.

34 Ein verregneter Tag
Auch aus Verben können Adjektive gebildet werden (Attributsprobe). Die Nähe zum Verb wird hier allerdings nicht aufgezeigt. Die meisten aus Verben abgeleiteten Adjektive können nicht gesteigert werden (es gibt kein „verkaufteres" Haus).

35 -los oder -frei? Was passt?
Eine andere Art der Adjektivbildung geschieht durch Nachsilben (Suffixe). Mit den Beispielen -los und -frei wird gezeigt, dass man aus „kein + Nomen" ein Adjektiv mit der Nachsilbe -los bzw. -frei bilden kann.

36 Wortfamilien
Eine anspruchsvolle Übung für begabte Kinder.

37 Versteckte Adjektive
In inhaltlich ganz anderen Wörtern sind Adjektive enthalten: Das Verb bzw. Nomen hat *bedeutungsmäßig* nichts mit dem darin versteckten Adjektiv zu tun. Es geht hier streng genommen auch nicht um Wortbildung, sondern um ein Versteckspiel mit Adjektiven, also um eine Art Wortspielerei. Solche und ähnliche „Detektivspiele" gefallen normalerweise allen Kindern, und sie erkennen auch, dass das versteckte Adjektiv nichts mit dem gegebenen Wort zu tun hat.

38 Beschreibe deine Zeichnung
Aufgaben dieser Art gehen weit über einzelne Wortarten hinaus und schulen sowohl die Beobachtung als auch die sprachliche Bezeichnung. Auf diese Art kann auch ein äußerer Gegenstand als *inneres Abbild* „konstruiert" und durch sprachliche Beschreibung bezeichnet und benannt werden (vgl. auch „Weiterarbeit").
Aus solchen Aufgaben lassen sich auch Rätsel konstruieren (Was ist klein, langsam und trägt sein Haus bei sich? – Schnecke).

39 Das ist ja gelacht!
Das Kind soll in kurzen Sätzen alle Adjektive farbig anmalen. Solche Aufgaben verlangen Konzentration: Zum einen möchte man wissen, wie der Witz ausgeht, zum anderen soll man eine bestimmte Wortart markieren. Beim ersten Lesen achtet man auf den Inhalt (und findet ihn vielleicht lustig), beim zweiten Lesen muss man sich auf Adjektive konzentrieren. Zum Teil macht gerade das Adjektiv die Pointe aus (z. B. „Dann wäre der Fisch noch *frisch* gewesen").

40 Adjektiv-Rätsel
Eine spielerische Art, etwas mit Adjektiven zu umschreiben.

41 Adjektiv-ABC
Die Kinder werden angeregt, mit dem Wörterbuch zu arbeiten. Dabei müssen sie immer wieder überlegen, ob das Wort ein Adjektiv ist oder nicht. Im Zweifelsfall sollten sie die Attributsprobe durchführen (siehe Stoffzusammenfassung S. 8).

Zusammenfassende Übungen

42 Das weiß ich über Adjektive
Die wesentlichen Inhalte der Arbeitsblätter werden hier zusammenfassend wiedergegeben. Es können auch Teile davon als Lernkontrolle eingesetzt werden.

1 Wie Dinge sind

Welche Wörter sagen, wie die Dinge sind?
Male diese Wörter mit Farbstift an.

 Kohle ist schwarz.   Schnee ist weiß.

Steine sind hart.   Watte ist weich.

Wasser ist nass.   Staub ist trocken.

Milch ist gesund.   Tabak ist ungesund.

Zwerge sind klein.   Riesen sind groß.

Eis ist kalt.   Feuer ist heiß.

Honig ist süß.   Essig ist sauer.

Edelsteine sind teuer.   Zucker ist billig.

Bettler sind arm.   Kaiser und Könige sind reich.

Adjektive sagen, wie Dinge sind.

2 Adjektive schreibt man klein

Du kennst viele Adjektive.
Schreibe die passenden Anfangsbuchstaben klein.

rund	**t**raurig	__eer	__ut
__ustig	__chnell	__ang	__chlecht
__alt	__röhlich	__elb	__arm
__üde	__eit	__chön	__euer

3 Das ist einfach!

Male die Adjektive farbig an.

hohe Berge

schöne Ferien

heißer Tee

fleißige Kinder

sonniges Wetter

nasse Schuhe

lustige Witze

hohe Häuser

laute Musik

ein kalter Wind

ein großer Baum

eine rote Rose

eine weiche Banane

ein freier Tag

ein warmes Bad

ein langweiliger Film

ein spannendes Rennen

ein wackliger Stuhl

4 Jetzt wird es schwieriger

Male alle Adjektive farbig an.

Gestern fand ich eine große, rote, viereckige Tasche.

Heute ist sonniges und warmes Sommerwetter.

Ich habe neue, gestreifte Hosen.

Mein Nachbar hat einen kleinen, weißen Hund.

Das ist ein helles, großes Zimmer.

Sie hat kurze, schwarze Haare.

Der runde Tisch ist weiß.

Sandras neue Schuhe sind blau.

Der nette, alte Nachbar ist zufrieden.

Das ist eine schöne, farbige Karte mit lustigen Bildern.

Schau dort, ein großer, grüner Frosch auf dem runden Seerosenblatt.

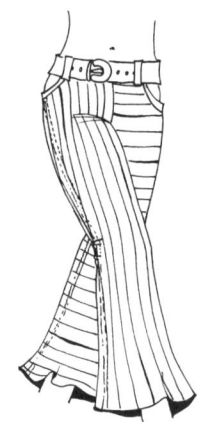

5 Adjektiv oder nicht?

Male nur die Adjektive an. Sätze ohne Adjektive streichst du durch.

Heute ist **schönes** Wetter. ~~Heute ist Sonntag.~~

Ich habe kalte Hände. Morgen habe ich Schule.

Das ist eine Kreide. Das ist ein langweiliges Buch.

Ich muss die Zähne putzen. Ich muss eine neue Zahnbürste kaufen.

Meine neuen Turnschuhe sind schmutzig.
Martinas Turnschuhe stehen in der Garderobe.

Laura und Mario sind fleißige Schüler.
Bettina und David sind Geschwister.

Zum Geburtstag darf ich mir etwas wünschen.
Zum Geburtstag wünsche ich mir ein neues Skateboard.

In den Ferien fahren wir nach Spanien.
In Spanien spielen wir im heißen Sand und baden im kühlen Meer.

Meine Mutter hat ein Auto gewonnen.
Unser neues Auto ist grün.

Die Lehrerin erzählt eine lustige Geschichte.
Die Lehrerin heißt Frau Munzinger.

Brot und Konfitüre sind Lebensmittel.
Ich mag frisches Brot mit süßer Konfitüre.

Welches Tier ist klein, fleißig und schnell?
Zeichne die Ameise.

6 Zum Glück ist die Welt nicht nur schwarz und weiß

Farbwörter sind Adjektive. *Schreibe das passende Farbwort auf.*

~~rot~~ blau grün gelb schwarz weiß braun grau

 Die Erdbeere ist <u>rot</u>. die <u>rote</u> Erdbeere
 Der Esel ist _____. der _____ Esel

Der Himmel ist _____. der _____ Himmel

Das Gras ist _____. das _____ Gras

Der Schnee ist _____. der _____ Schnee

Der Kaffee ist _____. der _____ Kaffee

Die Zitrone ist _____. die _____ Zitrone

Der Schornsteinfeger ist _____. der _____ Schornsteinfeger

7 Versteckte Farben

Suche die versteckten Adjektive.
Male sie in der entsprechenden Farbe an.
Schreibe sie dann auf.
Achtung: Manchmal ist mehr als ein Adjektiv in einer Zeile.

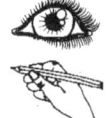

w	r	o	s	a	r	o	t	x	a
h	e	l	l	g	r	ü	n	t	l
a	g	r	a	u	z	g	e	l	b
m	s	v	i	o	l	e	t	t	s
m	i	t	t	e	l	b	l	a	u
i	f	x	r	o	s	t	r	o	t
d	u	n	k	e	l	g	e	l	b
p	i	n	k	r	u	b	l	a	u
z	t	g	r	a	s	g	r	ü	n
o	p	l	i	l	a	x	r	o	t

rosarot
_____
_____
_____
_____
_____
_____
_____
_____
_____

8 Viele Formen

Schreibe das Adjektiv auf, das zur Zeichnung passt.

~~rund~~, **dreieckig, viereckig, oval, gerade, rund**

Der Ball ist <u>rund</u>.

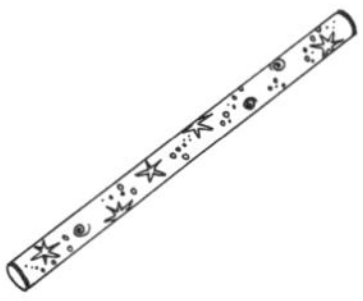

Dieser Zauberstab ist _____.

Dieses Bild ist _____.

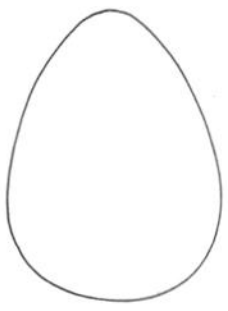

Das Ei ist _____.

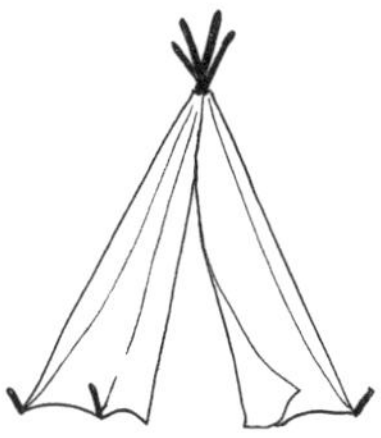

Die Erde ist _____.

Das Zelt ist _____.

9 Wann sind Ferien schön?

Das Adjektiv „schön" ist verboten!
Schreibe zu jedem Nomen ein passendes Adjektiv.

<u>herrliches</u> Wetter

_____ Himmel   _____ Spiele

_____ Wasser   _____ Tage

_____ Leute   _____ Kinder

_____ Aussicht   _____ Essen

_____ Spielplatz   _____ Ausflüge

_____ Buch   _____ Markt

_____ Strand   _____ Hotel

10 So können Menschen sein

Schreibe die Adjektive zum passenden Gesicht.

~~glücklich~~, ~~unfair~~, lustig, böse, grob, beleidigt, zufrieden, nett, traurig, zornig, fröhlich, interessant, frech, freundlich, unglücklich, ehrlich,

glücklich ☺

unfair ☹

11 Meine Haare

Haare sind ganz unterschiedlich.

Beschreibe und zeichne deine Haare und deine Frisur. Wähle passende Adjektive aus.

So sehen meine Haare aus:

frisch geschnitten / gekämmt – ungekämmt – zerzaust / gelockt – gerade – gewellt – gekraust / kurz – lang – halblang / gewaschen – ungewaschen / hellbraun – braun – dunkelbraun – rot – hellblond – blond – dunkelblond – schwarz

12 Was würdest du essen und trinken? Was nicht?

Schreibe die Dinge in die passende Tabelle und unterstreiche die Adjektive.

Ich esse nur, was ich gerne habe!

☺		☹
	unreife Äpfel	<u>unreife</u> Äpfel
<u>süße</u> Mandeln	süße Mandeln	
	faule Eier	
	rohe Kartoffeln	
	gekochte Nudeln	
	saure Milch	
	versalzene Suppe	
	knuspriges Brot	
	frische Salate	
	süßer Tee	
	reife Beeren	
	schwarze Bananen	
	heiße Pizza	
	giftige Pilze	
	verdorbene Früchte	
	leckerer Kuchen	

13 Wie sieht der Dieb aus?

 Ich habe den Dieb gesehen!

Kannst du ihn beschreiben?

Lies den Text, male den Dieb mit Farbstiften an und beschreibe ihn.

Er ist <u>groß</u> und <u>schlank</u>. Er trägt ein <u>gestreiftes</u> Hemd.

Das Hemd hat die Farben _____

und _____.

Die Ärmel sind _____ .

Er trägt eine _____ Mütze und

_____ Hosen.

Seine Schuhe sind _____ .

In der _____ Hand hält er eine _____ Tasche mit

einem _____ Buchstaben **R**.

> **Ohne Adjektive kann man eine Person nicht beschreiben!**

14 Welches Adjektiv ist überflüssig?

Streiche das überflüssige Adjektiv durch.

 Zeichne eine kleinen, ~~runden~~ Kreis.

 Dieser weiße Schimmel galoppiert schnell.

Er nascht immer vom süßen, dunklen Honig.

Ein verletzter, kleiner Zwerg steht vor der Tür.

Sie gibt Sara drei große, kalte Eiswürfel.

Dieses junge, neugierige Küken ist erst gestern geschlüpft.

Der kranke, arme Bettler steht am Bahnhof.

15 Was nicht trocken ist, ist nass

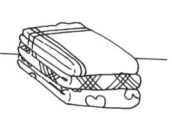

Finde das Gegenteil. Schreibe es auf.

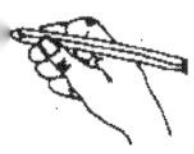

trocken	nass		billig	
	kalt			weich
schmutzig			jung	
	voll			niedrig
schwer			richtig	
	klein			krank
schmal			langsam	
	faul			leise
kurz			rund	
	hell			stumpf
süß			stark	

16 Zeichne das Gegenteil

Zeichne das Gegenteil und beschrifte es.

 eine breite Straße  eine schmale Straße

 ein volles Glas  _____

 ein fröhliches Kind  _____

 ein dickes Buch  _____

17 Was passt nicht?

Streiche die Adjektive, die nicht zum Nomen passen, durch. Manchmal passen zwei Adjektive.

Pfirsich	~~trocken~~	saftig	~~schwarz~~
Baum	hoch	weich	grün
Suppe	dürr	nahrhaft	heiß
Lineal	gerade	krumm	rund
Schauspieler	berühmt	rostig	gefleckt
Fuchs	leise	vornehm	schlau
Berg	tief	falsch	steil
Gold	gratis	teuer	edel
Sportler	durstig	hungrig	zahm
Mond	hell	unglücklich	leuchtend

18 Das gibt es nicht!

Erfinde Dinge, die es nicht gibt.

runde Vierecke

harte, violette Erdbeeren

_____

_____

_____

_____

19 Es gibt viele davon

Schreibe das Adjektiv in der richtigen Form in die Lücke.

*Ein **e** anhängen, fertig ist die Mehrzahl!*

gut: viele **gute** Noten

farbig: viele _____ Zeichnungen

sonnig: viele _____ Tage

schön: viele _____ Blumen

lustig: viele _____ Geschichten

lang: viele _____ Ferien

jung: viele _____ Kätzchen

neu: viele _____ Schuhe

20 Mehrere Eigenschaften

Schreibe die Adjektive in der richtigen Form in die Lücke.

nett, hilfsbereit: viele **nette, hilfsbereite** Menschen

gesund, weiß: viele _____ Zähne

warm, weich: viele _____ Pullover

frisch, rot: viele _____ Tomaten

schön, alt: viele _____ Häuser

groß, schnell: viele _____ Autos

klein, bunt: viele _____ Schmetterlinge

21 Was ist es?

Wie heißt es, wenn es nur eines ist?

Kugel, klein: eine kleine Kugel

Kind, fröhlich: ein _____

Gurke, grün: _____

Gewitter, heftig: _____

Fenster, offen: _____

Pullover, warm: _____

Reise, lang: _____

Teller, leer: _____

Nachmittag, frei: _____

Maus, weiß: _____

Auto, rot: _____

Tisch, rund: _____

Hund, jung: _____

Beere, reif: _____

Bad, warm: _____

22 Wohin gehört es?

Schreibe die Wörter in die richtige Spalte.

	der	die	das
	ein schöner Tag	eine schöne Blume	ein schönes Lied
Flugzeug, laut:			ein lautes Flugzeug
Straße, breit:			
Jahr, neu:			
Lampe, hell:			
Fisch, farbig:			
Hut, grün:			
Zimmer, hell:			
Schuh, groß:			
Freund, treu:			
Ameise, klein:			
Beispiel, gut:			
Banane, reif:			
Koffer, schwer:			
Fest, lustig:			

23 Ganz kurz!

Setze ein passendes Adjektiv ein.

~~still~~ ~~gesund~~ schnell langsam
vorsichtig ruhig sorgfältig richtig
deutlich genau anständig böse

Sei _still!_ Bleib _gesund!_

Komm _____ Iss _____

Fahr _____ Sei bitte _____

Sprich _____ Rechne _____

Benimm dich _____ Erzähl _____

Schreib _____ Sei mir nicht _____

24 Wie geschieht das?

Adjektive sagen auch, wie etwas geschieht.
Setze sie in der richtigen Form ein.

pünktlich: Der Zug fährt <u>pünktlich</u> ab. Das ist ein <u>pünktlicher</u> Zug.

verspätet: Das Schiff fährt _____ ab.

Das ist ein _____ Schiff.

zufrieden: Die Frau lacht _____ .

Das ist eine _____ Frau.

freundlich: Die Verkäuferin grüßt _____ .

Das ist eine _____ Verkäuferin.

fröhlich: Die Kinder lachen _____ .

Das sind _____ Kinder.

25 Wo sind die Adjektive?

a) Male alle Adjektive mit Farbe an.

Heute ist wunderbares, heißes Sommerwetter. Am freien Nachmittag fahren wir zum nahen Waldweiher. Im Fahrradkorb liegt ein leckeres Picknick. Langsam ziehen Wolken auf. In den Nachrichten hatten sie heftige Gewitter vorhergesagt. Aber am Himmel sind nur hohe, weiße Wolkentürme. So schnell wird es nicht regnen!

Doch wir haben uns schwer getäuscht. Von Westen her baut sich eine riesige, dunkle Wolke auf. Schon fallen schwere Regentropfen, obwohl die Sonne scheint. Und plötzlich sehen wir einen großen, farbigen Regenbogen. Wir fahren schnell nach Hause. Die grellen Blitze und der laute Donner machen uns Angst. Müde und verregnet suchen wir Schutz im Haus. Rasch ziehen wir die schmutzigen Schuhe und die nassen Kleider aus.

b) Jetzt fehlen sämtliche Adjektive.

Falte das Blatt und lies den Text.
Versuche selbst passende Adjektive einzusetzen.
Lies deinen Text jemandem vor.

Heute ist Sommerwetter. Am Nachmittag fahren wir zum Waldweiher. Im Fahrradkorb liegt ein Picknick. Wolken ziehen auf. In den Nachrichten hatten sie Gewitter vorhergesagt. Aber am Himmel sind nur Wolkentürme. Es wird nicht regnen!

Doch wir haben uns getäuscht. Von Westen her baut sich eine Wolke auf. Schon fallen Regentropfen, obwohl die Sonne scheint. Wir sehen einen Regenbogen.

Wir fahren nach Hause. Die Blitze und der Donner machen uns Angst. Wir suchen Schutz im Haus. Wir ziehen die Schuhe und die Kleider aus.

26 Wie heißt es richtig?

Schreibe die Adjektive in der richtigen Form auf.

süß	Sie knabbert an einem <u>süßen</u> Schokoriegel.	
ruhig	Ich kenne ein _____ Plätzchen.	
gefährlich	Das ist eine _____ Kreuzung.	
schmutzig	Wäschst du bitte das _____ Geschirr ab?	
breit	Wir schwimmen über den _____ Fluss.	
weich	Das ist ein _____ Kissen.	
groß	Die Feuerwehr löscht den _____ Brand.	
blind	Schleichen Blindschleichen _____?	
seltsam	Sie trägt einen _____ Hut.	
gelb	Schau, da fliegt ein _____ Luftballon.	
offen	Schau, dort ist ein _____ Tor.	
neugierig	Das ist aber eine _____ Person.	
reich	Kennst du eine _____ Familie?	
arm	Es gibt viele _____ Leute.	
klein	Gibt es _____ Riesen?	
groß	Gibt es _____ Zwerge?	
frisch	Zieh ein _____ Hemd an!	
tapfer	Das _____ Mädchen verdient eine Medaille.	
feucht	Dieser _____ Schwamm gehört nicht in den Schrank.	

27 Vergleichen

Schreibe das Adjektiv in der richtigen Form auf.

Buchfinken singen **schön**.

Lerchen singen schöner

Amseln singen am schönsten.

Dieser Würfel ist **klein**.

Dieser Würfel ist klein ____.

Dieser Würfel ist ____ klein ____.

Pedro rennt **schnell**.

Ali rennt _____

Iwan rennt _____ _____.

Die Kugeln sind **bunt**.

Der Schmetterling ist _____.

Die Blumen sind _____ _____.

Dieses Haus ist **neu**.

Dieses Haus ist _____.

Dieses Haus ist ____ _____.

Dieser Witz ist **lustig**.

Dieser Witz ist _____.

Aber dieser Witz ist _____ _____.

Das helle Brot ist **frisch**.

Das dunkle Brot ist _____.

Die Brötchen sind _____ _____.

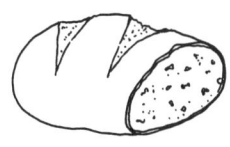

28 Buchstaben ändern

Schreibe die veränderten Adjektive in die passende Spalte.

	aus o wird ö	aus a wird ä	aus u wird ü
hart		härter	
alt			
gesund			
kalt			
groß			
lang			
kurz			
jung			
scharf			

Suche oben das passende Adjektiv und achte auf die Veränderung.

Holz ist <u>härter</u> als Karton.

Äpfel sind _____ als Schokolade.

Mein Taschenmesser ist _____ als deines.

Der Vater ist _____ als der Großvater.

Die Großmutter ist _____ als die Mutter.

Milan ist _____ als Andy.

Die Reise dauert _____ als wir dachten.

Im Winter ist es _____ als im Sommer.

Im Winter sind die Tage _____ als im Sommer.

Aber Schokolade ist besser!

29 Es wird immer besser

Schreibe die Adjektive an die passende Stelle.

am meisten, besser, lieber, am höchsten, mehr, am besten, höher, am liebsten

Dieses Haus ist hoch.

Dieses Haus ist _____.

Dieses Haus ist ____ _____.

Es geht ihm gut.

Es geht ihm jeden Tag _____.

Heute geht es ihm _____ _____.

Im Wald findest du viele Blumen.

Auf der Wiese findest du _____ Blumen.

In diesem Garten findest du _____ _____ Blumen.

Ich habe meine Puppe gern.

Ich habe meine Katze _____.

Meine kleine Schwester habe ich _____ _____.

30 Mehr oder weniger

Überlege gut und setze dann „mehr" oder „weniger" ein.

  7 Bälle sind <u>mehr</u> als 3 Bälle.   5 Bälle sind <u>weniger</u> als 10 Bälle.

 Jedes Kind hat 10 Spielkarten.

Wenn du Ivan 3 Karten gibst, hast du _____ Karten als Ivan.

Ivan hat dann _____ Karten als du.

Du hast 12 Karten, Martina hat 9 und Chris hat 5 Karten.
Du hast also am meisten Karten.

Martina hat _____ als du; du hast _____ als Martina.

Chris hat _____ als Martina; du hast _____ als Chris.

Chris hat ____ _____ Karten.

12 ist _____ als 9.   9 ist _____ als 12.

Schreibe selbst ein solches Beispiel auf:

_____

_____

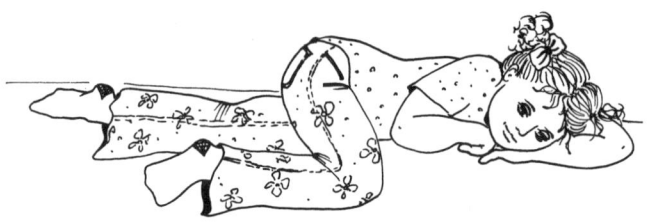

Jetzt mag ich nicht mehr!

31 Wir zaubern Adjektive

Welches Adjektiv kannst du aus dem Nomen zaubern?

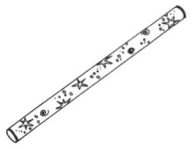 

Adjektive schreibt man immer klein!

die Höhe — hoch

die Kälte	_____	das Salz	_____
die Helligkeit	_____	die Größe	_____
das Alter	_____	die Breite	_____
die Feuchtigkeit	_____	die Länge	_____
die Fröhlichkeit	_____	der Mut	_____
die Schnelligkeit	_____	der Fleiß	_____
die Dummheit	_____	der Dreck	_____
die Gefahr	_____	der Blinde	_____

32 Nützt zaubern oder nicht?

Zaubere das Adjektiv. Wenn zaubern nichts nützt, machst du einen Strich.

die Ehrlichkeit	ehrlich	die Uhr	————
das Gift	_____	das Geschirr	_____
der Geiz	_____	der Neid	_____
der Schatten	_____	der See	_____
das Buch	_____	die Krankheit	_____
das Nest	_____	der Rost	_____
der Stolz	_____	der Ring	_____
die Sonne	_____	der Anstand	_____

33 leicht wie eine Feder = federleicht

Wie heißt das zusammengesetzte Adjektiv?

kalt wie Eis — eiskalt

schnell wie ein Blitz — _____

rund wie eine Kugel — _____

gelb wie Gold — _____

grün wie Gras — _____

klar wie Glas — _____

weiß wie Schnee — _____

süß wie Zucker — _____

scharf wie ein Messer — _____

arm wie eine Maus — _____

hoch wie ein Haus — _____

hart wie ein Stein — _____

blond wie Stroh — _____

glatt wie ein Spiegel — _____

hell wie der Tag — _____

Manchmal musst du auch Buchstaben einfügen.

groß wie ein Riese — _____

stark wie ein Bär — _____

schwarz wie ein Rabe — _____

34 Ein verregneter Tag

Bilde die passenden Adjektive.

Die Geschichte ist nicht wahr. Sie ist <u>erfunden</u>.

Den ganzen Tag hat es geregnet. Es war ein <u>verregneter</u> Tag.

Es hat geschneit. Die Landschaft ist _____.

Der Fuchs hat die Gans gestohlen. Es ist eine _____ Gans.

Durchgang verboten! Das ist ein _____ Durchgang.

Jan schenkt dir Spielsachen. Das sind _____ Spielsachen.

Im Winter frieren viele Seen zu. Das sind _____ Seen.

Blumen können welken. Das sind _____ Blumen.

Du schwitzt beim Laufen. Du kommst ganz _____ an.

35 -los oder -frei? Was passt?

Es sind keine Wolken am Himmel. Der Himmel ist <u>wolkenlos</u>.

Auf der Straße liegt kein Schnee. Die Straße ist <u>schneefrei</u>.

Heute haben wir keine Schule. Heute ist schul_____.

Jemand, der keine Arbeit hat, ist arbeits_____.

Wasser hat keine Farbe. Es ist _____.

In diesem Kaugummi ist kein Zucker. Er ist _____.

In diesem Bergdorf fahren keine Autos. Das Dorf ist _____.

Da weiß ich auch keinen Rat. Ich bin _____.

Diese Uhr hat keinen Wert mehr. Sie ist _____.

36 Wortfamilien

Wenn du den Unterschied zwischen Nomen, Verb und Adjektiv kennst, ist das Ausfüllen der Tabelle sicher kein Problem für dich.

Nomen	Verb	Adjektiv
Regen	regnen	regnerisch
	rosten	
		freudig
Heizung		
		schläfrig
Fluss		
		windig
Farbe		
		ratlos
		bissig
		geschlossen
	hungern	
Verkauf		
	verbessern	
		zauberhaft

Schreibe eigene Beispiele auf:

37 Versteckte Adjektive

Adjektive können in den verschiedensten Wörtern versteckt sein.
Suche die neuen Adjektive, male sie an und schreibe sie dann auf.

angeben	eben	zerstreuen	treu
angreifen	_____	Erbarmen	_____
aufbewahren	_____	geblieben	_____
erweitern	_____	Schreiner	_____
behalten	_____	bedrohen	_____
erneuern	_____	Schweiß	_____
erfolgreich	_____	schwirren	_____

38 Beschreibe deine Zeichnung

Zeichne einen Gegenstand, eine Blume oder ein Tier.
Male den Gegenstand mit Farben aus.
Beschreibe dann deinen Gegenstand so genau wie möglich.

Was hast du gezeichnet?

_____

Beschreibe deine Zeichnung:

_____
_____
_____
_____
_____
_____
_____

39 Das ist ja gelacht!

Male alle Adjektive farbig an.

„Schade, dass ich Ihr vornehmes Restaurant nicht schon früher kennengelernt habe."
„Warum?"
„Dann wäre der Fisch noch frisch gewesen."

„Du darfst doch deiner lieben Tante nicht sagen, sie sei dumm. Sag ihr, dass es dir leid tut."
„Liebe Tante Ruth, es tut mir leid, dass du dumm bist."

„Hast du den neuen, geräuschlosen Kinderwagen gesehen?"
„Ja, aber geräuschlose Kinder wären mir lieber."

Herr Meier sitzt mürrisch im warmen Bad.
„So eine blöde Medizin: Täglich 20 Tropfen im warmen Wasser schlucken!"

„Wie gefällt es dir in der neuen Schule?"
„Gut, nur die langen Stunden zwischen den kurzen Pausen sind langweilig."

Lehrer: „Wie viel ist fünf mal fünf?"
Tobi: „Fünf mal fünf ist fünfundzwanzig."
Lehrer: „Gut, Tobi!"
Tobi: „Was heißt hier gut? Besser geht es nicht."

Nach einer langen und schönen Ferienreise putzt der Mann daheim seine verstaubten Schuhe mit dem neuen Vorhang.
Die Frau: „Halt, was machst du da? Wir sind doch nicht mehr im teuren Hotel!"

Leila geht mit ihrem jungen Hund spazieren.
Ein freundlicher Herr beugt sich interessiert zum Hund und sagt:
„Ein sehr schönes Tier. Er hat bestimmt einen Stammbaum."
Leila: „Nicht dass ich wüsste; er ist nicht wählerisch."

40 Adjektiv-Rätsel

Welches Nomen passt zu den Adjektiven?

Mehl, Feuer, Zitrone, Berg, Wasser, Glas

Mehl		
leicht	durchsichtig	heiß
weiß	nass	lodernd
fein	trinkbar	hell

hart	saftig	hart
durchsichtig	sauer	steinig
zerbrechlich	gelb	hoch

Versuche selbst, solche Rätsel zu schreiben. Benutze nur Adjektive!
Lass deinen Partner die Lösungen suchen.

41 Adjektiv-ABC

Finde zu jedem Buchstaben ein Adjektiv. Suche auch im Wörterbuch.

a		m	
b		n	
c	**charmant**	o	
d		p	**praktisch**
e		q	**quirlig**
f		r	
g		s	
h		t	
i		u	
j	**jung**	v	
k		w	
l		z	

Wähle ein paar Adjektive aus deiner Liste aus und bilde Sätze damit.

_____

_____

_____

_____

_____

_____

42 Das weiß ich über Adjektive

Adjektive erkennen

Male die Adjektive farbig an und schreibe sie auf.
Manchmal sind es auch zwei Adjektive.

Auf dem Pausenplatz steht eine alte Linde.   <u>alt</u>

Der kleine Junge spielt Federball.   _____

Heute ist herrliches Sommerwetter.   _____

Diese Geschichte hört sich interessant an.   _____

Wer mag diese süßen, knusprigen Brötchen?   _____

Diese Schlafdecke ist federleicht.   _____

Das blaue Bild gefällt mir am besten.   _____

Du hast die Aufgaben richtig gelöst.   _____

Gegenteile

Finde das Gegenteil.

ein heißer Tee   ein <u>kalter</u> Tee

ein langes Band   ein _____ Band

eine falsche Antwort   eine _____ Antwort

ein süßer Apfel   ein _____ Apfel

eine krumme Linie   eine _____ Linie

ein trockenes Tuch   ein _____ Tuch

eine teure Uhr   eine _____ Uhr

ein eckiger Stein   ein _____ Stein

Geschichte erfinden

Entscheide dich für ein Kästchen und schreibe ein paar Sätze oder eine Geschichte. Jedes Adjektiv muss mindestens einmal vorkommen.

| kalt, weiß, weich, dunkel, gemütlich, spannend, leise | heiß, laut, grell, nass, erfrischend, gerötet, schnell |

_____

_____

_____

_____

_____

_____

Größer und schöner ...

Ergänze die Tabelle.

hoch	höher	am höchsten
kalt		
		am hellsten
	tiefer	
klug		
	jünger	
		am kürzesten
viele		
		am besten

Zusammengesetzte Adjektive auseinandernehmen

turmhoch　　　hoch wie ein Turm

grasgrün　　　_____

eiskalt　　　_____

spiegelglatt　　　_____

zuckersüß　　　_____

kerzengerade　　　_____

rabenschwarz　　　_____

taghell　　　_____

Adjektive verändern sich

Schreibe die Adjektive in der richtigen Form.

Mein <u>großer</u> Bruder liest <u>spannende</u> Geschichten! (groß, spannend)

Hier ist ein _____ Tor. (offen)

Ich hätte gerne diese _____, _____ Tomaten. (frisch, rot)

Benutzt bitte _____ und _____ Farbstifte. (gelb, grün)

Achtung, dieses _____ Messer kann _____ sein. (scharf, gefährlich)

Das ist ein _____, _____ Zimmer. (hell, freundlich)

Komm, ich helfe dir den _____, _____ Koffer schleppen. (groß, schwer)

Gib mir bitte von den _____, _____ Pfirsichen. (reif, gelb)

Lösungen

1 Wie Dinge sind

hart, nass, gesund, klein, kalt, süß, teuer, arm;
weich, trocken, ungesund, groß, heiß, sauer, billig, reich

2 Adjektive schreibt man klein

lustig, **k**alt, **m**üde, **s**chnell, **f**röhlich, **w**eit, **l**eer, **l**ang, **g**elb, **s**chön, **g**ut, **s**chlecht, **w**arm, **t**euer

3 Das ist einfach!

schöne, heißer, fleißige, sonniges, nasse, lustige, hohe, laute;
großer, rote, weiche, freier, warmes, langweiliger, spannendes, wackliger

4 Jetzt wird es schwieriger

sonniges, warmes
neue, gestreifte
kleinen, weißen
helles, großes
kurze, schwarze
runde, weiß
neue, blau
nette, alte, zufrieden
schöne, farbige, lustigen
großer, grüner, runden

5 Adjektiv oder nicht?

Ich habe kalte Hände.   ~~Morgen habe ich Schule.~~
~~Das ist eine Kreide.~~   Das ist ein langweiliges Buch.
~~Ich muss die Zähne putzen.~~   Ich muss eine neue Zahnbürste kaufen.

Meine neuen Turnschuhe sind schmutzig.
~~Martinas Turnschuhe stehen in der Garderobe.~~

Laura und Mario sind fleißige Schüler.
~~Bettina und David sind Geschwister.~~

~~Zum Geburtstag darf ich mir etwas wünschen.~~
Zum Geburtstag wünsche ich mir ein neues Skateboard.

~~In den Ferien fahren wir nach Spanien.~~
In Spanien spielen wir im heißen Sand und baden im kühlen Meer.

~~Meine Mutter hat ein Auto gewonnen.~~
Unser neues Auto ist grün.

Die Lehrerin erzählt eine lustige Geschichte.
~~Die Lehrerin heißt Frau Munzinger.~~

~~Brot und Konfitüre sind Lebensmittel.~~
Ich mag frisches Brot mit süßer Konfitüre.

Welches Tier ist klein, fleißig und schnell?
~~Zeichne die Ameise.~~

6 Zum Glück ist die Welt nicht nur schwarz und weiß

grau – graue; blau – blaue; grün – grüne; weiß – weiße; braun – braune; gelb – gelbe; schwarz – schwarze

7 Versteckte Farben

hellgrün
grau, gelb
violett
mittelblau
rostrot
dunkelgelb
pink, blau
grasgrün
lila, rot

8 Viele Formen

gerade, viereckig, oval, rund, dreieckig

9 Wann sind Ferien schön?

Vorschläge:

blauer / wolkenloser Himmel
sauberes / klares / warmes Wasser
nette / fröhliche / liebe Leute
wunderbare / weite Aussicht
abenteuerlicher, lässiger Spielplatz
spannendes Buch
weißer / sandiger Strand

lustige / abwechslungsreiche Spiele
lange / kurzweilige Tage
fröhliche Kinder
leckeres / gutes Essen
interessante Ausflüge
bunter / farbiger Markt
vornehmes / gemütliches Hotel

10 So können Menschen sein

lustig
zufrieden
nett
fröhlich
interessant
freundlich
ehrlich

böse
grob
beleidigt
traurig
zornig
frech
unglücklich

12 Was würdest du essen und trinken? Was nicht?

	faule Eier
	rohe Kartoffeln
gekochte Nudeln	
	saure Milch
	versalzene Suppe
knuspriges Brot	
frische Salate	
süßer Tee	
reife Beeren	
	schwarze Bananen
heiße Pizza	
	giftige Pilze
	verdorbene Früchte
leckerer Kuchen	

13 Wie sieht der Dieb aus?

Alle Farben sind individuell; die Ärmel sind <u>kurz</u>; in der <u>rechten</u> Hand

14 Welches Adjektiv ist überflüssig?

weiße, süßen, kleiner, kalte, junge, arme

15 Was nicht trocken ist, ist nass

warm / heiß
sauber
leer
leicht
groß
breit
fleißig
lang
dunkel
sauer

teuer
hart
alt
hoch
falsch
gesund
schnell
laut
eckig
spitz
schwach

16 Zeichne das Gegenteil

ein leeres Glas, ein trauriges Kind, ein dünnes Buch

17 Was passt nicht?

Baum: weich; Suppe: dürr; Lineal: krumm, rund; Schauspieler: rostig, gefleckt; Fuchs: vornehm; Berg: tief, falsch; Gold: gratis; Sportler: zahm; Mond: unglücklich

19 Es gibt viele davon

farbige, sonnige, schöne, lustige, lange, junge, neue

20 Mehrere Eigenschaften

gesunde, weiße;
warme, weiche;
frische, rote;

schöne, alte;
große, schnelle;
kleine, bunte

21 Was ist es?

ein fröhliches Kind; eine grüne Gurke; ein heftiges Gewitter; ein offenes Fenster; ein warmer Pullover; eine lange Reise; ein leerer Teller; ein freier Nachmittag; eine weiße Maus; ein rotes Auto; ein runder Tisch; ein junger Hund; eine reife Beere; ein warmes Bad

22 Wohin gehört es?

der	die	das
	eine breite Straße	
		ein neues Jahr
	eine helle Lampe	
ein farbiger Fisch		
ein grüner Hut		
		ein helles Zimmer
ein großer Schuh		
ein treuer Freund		
	eine kleine Ameise	
		ein gutes Beispiel
	eine reife Banane	
ein schwerer Koffer		
		ein lustiges Fest

23 Ganz kurz!

Komm schnell!
Fahr langsam / vorsichtig!
Sprich langsam / deutlich!
Benimm dich anständig!
Schreib langsam / ruhig / richtig!

Iss langsam / ruhig / anständig!
Sei bitte vorsichtig / ruhig!
Rechne langsam / ruhig / richtig / genau!
Erzähl langsam / ruhig / schön / deutlich!
Sei mir nicht böse!

24 Wie geschieht das?

verspätet – verspätetes; zufrieden – zufriedene;
freundlich – freundliche; fröhlich – fröhliche

25 Wo sind die Adjektive?

nahen, leckeres
langsam, heftige
hohe, weiße, schnell
schwer, riesige
dunkle, schwere
plötzlich, großen, farbigen
schnell, grellen, laute
müde, verregnet
rasch, schmutzigen, nassen

26 Wie heißt es richtig?

ruhiges; gefährliche; schmutzige; breiten; weiches; großen; blind; seltsamen; gelber; offenes; neugierige; reiche; arme; kleine; große; frisches; tapfere; feuchte

27 Vergleichen

kleiner, am kleinsten
schneller, am schnellsten
bunter, am buntesten
neuer, am neusten
lustiger, am lustigsten
frischer, am frischesten

28 Buchstaben ändern

aus o wird ö	aus a wird ä	aus u wird ü
	härter	
	älter	
		gesünder
	kälter	
größer		
	länger	
		kürzer
		jünger
	schärfer	

Äpfel sind **gesünder** als Schokolade.
Mein Taschenmesser ist **schärfer** als deines.
Der Vater ist **jünger** als der Großvater.
Die Großmutter ist **älter** als die Mutter.
Milan ist **größer** als Andy.
Die Reise dauert **länger** als wir dachten.
Im Winter ist es **kälter** als im Sommer.
Im Winter sind die Tage **kürzer** als im Sommer.

29 Es wird immer besser

höher, am höchsten
besser, am besten
mehr, am meisten
lieber, am liebsten

30 Mehr oder weniger

weniger Karten als Ivan
mehr Karten als du

weniger als du; mehr als Martina
weniger als Martina; mehr als Chris
Chris hat am wenigsten

12 ist mehr als 9; 9 ist weniger als 12.

31 Wir zaubern Adjektive

kalt, hell, alt, feucht, fröhlich, schnell, dumm, gefährlich
salzig, groß, breit, lang, mutig, fleißig, dreckig, blind

32 Nützt zaubern oder nicht?

giftig — —
geizig   neidisch
schattig —
—   krank
—   rostig
stolz   —
sonnig   anständig

33 leicht wie eine Feder = federleicht

blitzschnell, kugelrund, goldgelb, grasgrün, glasklar, schneeweiß, zuckersüß, messerscharf, mausarm, haushoch, steinhart, strohblond, spiegelglatt, taghell, riesengroß, bärenstark, rabenschwarz

34 Ein verregneter Tag

Die Landschaft ist verschneit.
Es ist eine gestohlene Gans.
Das ist ein verbotener Durchgang.
Das sind geschenkte Spielsachen.
Das sind (zu)gefrorene Seen.
Das sind verwelkte Blumen.
Du kommst ganz verschwitzt an.

35 -los oder -frei? Was passt?

schulfrei; arbeitslos; farblos; zuckerfrei; autofrei; ratlos; wertlos

36 Wortfamilien

Nomen	Verb	Adjektiv
Regen	regnen	regnerisch
Rost	rosten	**rostig**
Freude	**freuen**	freudig
Heizung	**heizen**	**geheizt**
Schlaf	**schlafen**	schläfrig
Fluss	**fließen**	**flüssig**
Wind	**winden**	windig
Farbe	**färben**	**farbig**
Rat	**raten**	ratlos
Biss	**beißen**	bissig
Schloss	**schließen**	geschlossen
Hunger	hungern	**hungrig**
Verkauf	**verkaufen**	**verkauft**
Verbesserung	verbessern	**verbessert**
Zauber	**zaubern**	zauberhaft

37 Versteckte Adjektive

reif
wahr
weit
alt
neu
reich

arm
lieb
rein
roh
weiß
wirr (irr, irre)

39 Das ist ja gelacht!

vornehmes, früher, frisch
lieben, dumm, liebe, dumm
neuen, geräuschlosen, geräuschlose, lieber
mürrisch, warmen, blöde, warmen
neuen, langen, kurzen, langweilig
gut, gut, besser
langen, schönen, verstaubten, neuen, teuren
jungen, freundlicher, interessiert, schönes, wählerisch

40 Adjektiv-Rätsel

Mehl	Wasser	Feuer

Glas	Zitrone	Berg

42 Das weiß ich über Adjektive

Adjektive erkennen

klein; herrlich; interessant; süß, knusprig; federleicht; blau, am besten; richtig

Gegenteile

ein **kurzes** Band, eine **richtige** Antwort, ein **saurer** Apfel, eine **gerade** Linie, ein **nasses** Tuch, eine **billige** Uhr, ein **runder** Stein

Größer und schöner ...

kalt	**kälter**	**am kältesten**
hell	**heller**	am hellsten
tief	tiefer	**am tiefsten**
klug	**klüger**	**am klügsten**
jung	jünger	**am jüngsten**
kurz	**kürzer**	am kürzesten
viele	**mehr**	**am meisten**
gut	**besser**	am besten

Zusammengesetzte Adjektive auseinandernehmen

grün wie Gras, kalt wie Eis, glatt wie ein Spiegel, süß wie Zucker, gerade wie eine Kerze, schwarz wie Raben, hell wie ein (der) Tag

Adjektive verändern sich

Hier ist ein **offenes** Tor.
Ich hätte gerne diese **frischen, roten** Tomaten.
Benutzt bitte **gelbe** und **grüne** Farbstifte.
Achtung, dieses **scharfe** Messer kann **gefährlich** sein.
Das ist ein **helles, freundliches** Zimmer.
Komm, ich helfe dir den **großen, schweren** Koffer schleppen.
Gib mir bitte von den **reifen, gelben** Pfirsichen.